प्रियमार्ग

पढ़ो, ठहरो, सोचो

Priyam Dave

BookLeaf Publishing
India | USA | UK

Made with ❤ on the BookLeaf Publishing Platform
www.bookleafpub.in
www.bookleafpub.com

Dedication

हर किसी की ज़िंदगी में एक ऐसा मोड़ आता है जहाँ शब्द कम और भाव बढ़ जाते हैं। मेरे लिए वही पल कविता का आरंभ था।

"**प्रियमार्ग**" सिर्फ एक किताब नहीं ,एक रास्ता है, जिसे मैंने खुद महसूस किया, जिया, और शब्दों में बुना। यह रास्ता सीधा नहीं, बल्कि भावनाओं के उतार-चढ़ाव, मौन क्षणों और अज्ञात विचारों से होकर गुजरता है।

मैंने जब पहली बार लिखा, तब न पाठक था, न मंच ,बस मैं , मेरी कलम और वो शब्द जो अंदर से बाहर आने को बेचैन थे। समय के साथ यह शब्द मेरे साथी बन गए। इस संग्रह में वही शब्द अब आपके साथ चलने को तैयार हैं।

"***प्रियमार्ग***" पर चलना कोई पाठ्यक्रम नहीं, यह एक यात्रा है , जहाँ हर पाठक अपनी सोच, अपने अनुभव, और अपने मन की परछाई से टकराएगा।
यदि इन पंक्तियों में आपको कहीं भी अपना अक्स दिख जाए, तो समझिएगा ....ये किताब सिर्फ मेरी नहीं रही।

– प्रियम दवे

Preface

नमस्ते,

बधाई हो! आप उस मार्ग तक आ पहुँचे हैं जहाँ से शुरू होती है... मेरी नई काव्यात्मक दुनिया।

प्रियम + मार्ग = प्रियमार्ग।
प्रिय + मार्ग = प्रियमार्ग ।

यहाँ से 21वीं कविता तक आपके सफर का साथी मैं हूँ... हम उन तमाम चेकपॉइंट्स से गुज़रेंगे जो आपकी चिंतन-शैली को प्रभावित कर सकते हैं।

परंतु घबराइए नहीं, अंत में हम वहीं पहुँचेंगे जहाँ से आरंभ किया था, क्योंकि..कविता की यही नियति है ,भले ही वह अनंत की उड़ान भर ले, अनंत के दो वृत्त उसे उसी वास्तविकता में लाकर खड़ा कर देते हैं, जहां से इसकी शुरुआत हुई थी।

Acknowledgements

This book is not just a collection of poems , it is a reflection of every moment, person, and emotion that has silently shaped my journey.

First and foremost, I express my deepest gratitude to my father, **Mr. Rishi Dave**, a poet himself, whose words, wisdom, and creative spirit have deeply influenced and inspired me. He is the reason I discovered the beauty of poetry in the first place.

To my mother, **Mrs. Sneha Dave**, and my sister, **Heli Dave** – thank you for being my pillars of strength. Your constant motivation, belief in my words, and emotional support gave me the courage to let my thoughts breathe freely.

A special thanks to **BookLeaf Publication** for providing this platform and for turning "***प्रियमार्ग***" from a personal path into a shared journey with readers.

And to every reader who walks through these pages – thank you. If even a single line resonates with you, then this book has served its purpose.

– Priyam dave

1. मैं

लिख ने बैठा स्वयं के बारे,

शब्द नहीं एक लिख पाया।

सोचा पहले जानू खुद को,

आसान नहीं यह समझ आया।

घूम रहा है हाथी दर-दर,

खोजे बूटी गजमुखी।

कितना दुष्कर है तय करना,

खुद ही से खुद की दूरी।

हर विचार में कोई उलझन,

हर भाव में कोई रेख।

जैसे कोई प्रश्न अधूरा,

ढूंढ रहा हो अपने लेख।

बाहर देखूं भ्रम का दर्पण,

भीतर है धुंधली छाया।

कहता मैं '**मैं**' हूं,

'**मैं**' कौन समझ न पाया।

2. बीज

माटी के ही कोख में दब कर

सांसे लेना सीखा है।

मृदुल मिट्टी की सघन नमी ने,

ही तो जीवन सींचा है।

मैं ऊगूंगा हर मौसम में

बस यही विश्वास लिए।

मूलों में भी विस्तार भरूँ,

ना ही सिर्फ़ आकाश लिए।

सन्नाटा भी बोल उठेगा,

जब समय सुर दे पाएगा।

चिंगारी जो आज दबी है,

कल ज्वाला बन जाएगा।

आत्मा की मैं साँस हूँ,

जो देह बदलती जाती है।

हर मिट्टी में नवजन्म लेकर

पुनः आगमन निभाती है।

माटी, वर्षा, सूर्य, समय

सब ही मेरे सहचर हैं।

मुझसे ही शुरुआत सभी की,

मुझमें ही सब नश्वर हैं।

3. मैंने पूछा

मैंने पूछा –
"तुम उदास क्यों हो?"
वो बोला –
"क्योंकि जो पास थे,
अब आस-पास नहीं हैं।"

मैंने कहा –
"पर दूरियां हमेशा फासले नहीं बनातीं..."
वो बोला –
"बात दूरी की नहीं,
किसी के लौटकर न आने की है।"

मैंने चुप रहकर उसकी ओर देखा,
वो बोलता गया –
"खुशी मिलती है पर टिकती नहीं,
जैसे रेत पर कोई सपना लिखा हो।"

मैंने कहा –
"सपनों को पत्थर पर भी लिखा जा सकता है,
बस थोड़ा यकीन चाहिए खुद पर।"
वो मुस्कुराया,
"तुम मुझे जानते नहीं, फिर भी समझते हो।"

मैंने कहा –
"शायद इसलिए ही समझ पाता हूँ,
क्योंकि मैं भी खुद को रोज़ थोड़ा-थोड़ा समझता हूँ।"

"हम दोनों चलें क्या?"
मैंने पूछा बिना ज़ोर डाले।
उसने कहा –
"साथ में?"
मैंने कहा –
"हाँ, अकेले से बेहतर है, भले ही सवालों के जवाब न हों।"

अब हम साथ चल रहे हैं,
बातें कम हैं,
पर चुप्पियों में
थोड़ा सुकून है, थोड़ा अपनापन।

4. भूख

सूखा पड़ा है कंठ मेरा,

रज कण नीर की दे पिला।

वैरी बना बैठा क्षुधा,

पोषण करे तो हो भला।

स्वाधीनता को मान दूं,

या मान पेट का में रखूं।

प्रश्न छोटा है मगर,

कैसे भला इसको ढकूँ।

निराहार ही रख लिया,

शान इस अभिमान का।

तो एक दिन मर जाऊंगा,

बस ढोंग बचेगा विधान का।

अब यह बताओ के यदि,

दोनों ही सिंचित हो रहे।

क्या समझ वो पाएगा,

के पीर क्या तकदीर क्या?

5. जागो

ट्रिन,,,ट्रिन,,,, ट्रिन,,,ट्रिन,,,

कितना उत्पाति है यह अलार्म

शांति से सोने नहीं देता

आभासी सपनों में खोने नहीं देता

अड़ा रहता है अपनी जिद पर

पीटते हैं इतना फिर भी

खुद को रोने नहीं देता

शायद इसको कोई काम नहीं

या हो सकता यही काम हो

शायद इसका कोई दाम नहीं

या हो सकता यह बाम हो।

हो सकता है यह विचलित हो

विचलित हो कुछ कहने को

चिंता स्वयं की ना करके

धारा प्रवाह में बहने को

उसे नायक नहीं कहा जाता,

वह शोर, विघ्न, बेमौसम वार

जो सत्य कहे, वह कर्कश माने,

जो नींद खोले, वह दुविधा का द्वार।

फिर भी, वह थमता नहीं कभी,

सत्य का बोझ उठाता है।

उसे दबाते, टालते रहें,

वह हर भोर पुनः लौट आता है।

6. बाथरूम की बैठक

एक कोना घर में ऐसा, जहाँ सबसे ज़्यादा सोचता हूँ,
भीतर बंद दरवाज़े के पीछे, मैं रोज़ देश को परखता हूँ।
न मंत्री हूँ, न सांसद , न झंडे का कोई भार,
फिर भी बाथरूम की इस बैठक में आते हैं विचार अपार।

यह सीट नहीं, स्कूल है, जहाँ धैर्य की दीक्षा मिलती है,
हर सुबह आत्मा साफ़ होती है, सोच गहराती, दिशा खिलती है।
वहीं कहीं दूर संसद में बहस का मतलब ही मिट गया,
हर सवाल पे शोर मचाना अब सबका धर्म बन गया।

यहाँ मैं सोचता हूँ –
"अगला बजट शिक्षा पर हो या सुरक्षा पर?"
वहाँ वो सोचते हैं –
"कैसे रोका जाए बहस को किसी बचकानी भाषा पर?"
मेरे यहाँ शांति है, वहाँ व्यवधान का उत्सव,
यहाँ समाधान जन्म लेता है, वहाँ आरोपों का महोत्सव।

कुर्सियों से ऐसे चिपके हैं जैसे च्यूइंगम फर्श पे,
सोच नहीं बदलते, बस भाषण चढ़ते जोश पे।
दिशा पूछो तो इतिहास पढ़ाते हैं,

विकास दिखाओ तो शक जताते हैं।

मैं हर रोज़ भीतर से हल्का हो जाता हूँ,
बोझ नहीं, सोच बहाता हूँ।
काश वहाँ भी कोई ऐसा outlet होता,
जहाँ अहंकार flushed और विवेक बरसता।

यहाँ कोई "Point of Order" नहीं होता,
फिर भी हर बात में क्रम होता है।
वहाँ दिन भर शब्दों की मारामारी,
और अंत में सिफर होता है।

कभी-कभी सोचता हूँ,
संसद भवन की जगह
अगर ये बाथरूम होता,
तो देश शायद धीरे चलता
पर साफ़ चलता।

7. क्या कविता काम करेगी?

मैं ये कविता क्यों लिख रहा हूँ?
क्या कोई पुकार है भीतर
या बस... शब्दों का शौक?

क्या ये रचना मेरी आत्मा का विस्तार है
या मेरे अहम की कोई नई शाख?

मुझे क्यों चाहिए कि लोग इसे पढ़ें?
क्या मैं चाहता हूँ कि वो कहें –
"ये तो कमाल है..."
या शायद,
मैं चाहता हूँ वो मुझे देख लें
इन पंक्तियों के पार?

क्या मेरी कविता
मेरे मौन की आवाज़ है?
या मेरी खामोशी में छिपी
एक तीखी चीख?

क्या मैं चाहता हूँ

कि कोई अनजाना चेहरा
इन शब्दों में खुद को पा ले,
और कहे –
"मैं भी ऐसा ही कुछ महसूस करता हूँ..."

शायद कविता
मेरे भीतर के उन सवालों की लौ है,
जिनके जवाब नहीं चाहिए
बस
जलते रहना चाहिए।

मैं नहीं जानता
ये कविता किसी को बदलेगी या नहीं,
पर अगर
किसी एक दिल में
एक पल सांस रुके
एक आँख नम हो जाए,
एक सोच जन्म ले ले...

तो शायद
कविता काम करेगी।

8. चप्पल का अंतिम संस्कार

मालिक,
मेरा अंतिम संस्कार करना,
मुझे फेंक न देना,
किसी कूड़ेदान, कचरा पात्र
या बाजू वाली नाली में।
मेरा अंतिम संस्कार ही करना।

याद है जब हम गए थे
पुलिया को पार करके
दूर पहाड़ों पर?
क्या सुंदर नज़ारा था...
ठंडी हवा, खुला आसमान,
मुझे गुदगुदी करती कोमल घास।
उसी बीच वह कपटी कांटा...
मेरे सीने की
हर एक परत को चीरते हुए
तुम तक पहुँच रहा था।
और तुमने अपने मुलायम हाथों से
मुझे पकड़ कर
मेरे घावों को भरा...

क्या खूब जोड़ी थी अपनी।

अब नहीं कर पाता मैं
तुम्हारी रक्षा उस कांटे से।
कमज़ोर हो गया हूँ।
पर मुझे ख़ुशी है,
अब वो जूता तुम्हें
सुरक्षित रखता है।

कई महीने हो चले हैं
मुझे इस अंधेरे
भंडार कक्ष में रहते हुए।
मालिक ,अब मुझ पर
एक आख़िरी एहसान करना –
मेरा अंतिम संस्कार ही करना।

9. चाह

हां मैं ही धूप और छांव भी हूं मैं
मैं ही रूप अरूप भी हूं मैं
प्राण तुझमें है मुझी से
श्वास रक्त में बहता भी हूं मैं

मत्स्य रूप रक्षक भी मैं ही
नरसिंह रूप भक्षक भी मैं ही
ब्रह्मांड मापलूं तीन कदम में
परशुराम वामन भी मैं ही

राम कृष्ण मेरे ही नाम
हरिनाम गूंजता चारों धाम
सूर्य तेज मुझसे ही पाता
चांद तारे रहे नीतराम

मौन हूं पर देखता हूं
झूठी सारी अर्चना
लाज लज्जा त्याग कर
करते हो स्वर्ग की कल्पना

मत करो पूजा या कर्म कांड
बस रखो विचारों को प्रकांड
जिसे पूजते हो देवी स्वरूप
उसे मान दो न करो फलांग

अब शस्त्र उठालो है द्रौपदी
कब तक मुझे पुकारोगी
दुशासन बन बैठा समाज
कब तक सहिष्णुता धारोगी

वैसे तो सब कुछ ही मुझी से
पर वचन मांगता इस दिवस पर
मत होने दो हावी कली को
तुम दे सको अगर ...तुम दे सको अगर..

10. भक्त

शांत था मंदिर, न कोई हलचल, न कोई शोर,
बस एक बिल्ली, मेरी तरह, बैठी थी हर रोज़ की ओर।
शिव के धाम में, सादगी का वास था,
श्रद्धा में थी गहराई, न कोई दिखावे का आभास था।

पर आज न जाने कैसा जादू छा गया,
जो कभी न आया, वो भी शीश झुका गया।
प्रांगण से पथ तक लंबी कतारें थीं,
श्रद्धा थी या बस अवसर की बहारें थीं?
हाथों में दूध, फूल और माला लिए,
कुछ चेहरे झुके, कुछ ऊब से भरे हुए।
एक ओर मोबाइल चमके, कैमरे झटपटाए,
मानो भक्ति नहीं, तस्वीरों में शिव समाए।
कोई पूजा को आया था, कोई पोस्ट बनाने को,
कोई मन से समर्पित था, कोई जग को दिखाने को।

और फिर सहसा, एक दृश्य अनोखा हुआ,
पीछे के द्वार से कोई विशेष आगमन हुआ।

ना पंक्ति में ठहरा, ना धैर्य की परीक्षा दी,
सीधे भीतर गया, मानो शिव ने स्वयं आज्ञा दी।
भीड़ ने देखा, कुछ ने सर झुका लिया,
कुछ ने व्यंग्य में मन ही मन मुस्कुरा दिया।
वो बिल्ली भी अब सहमी खड़ी थी,
जो रोज़ यहाँ निर्भय पड़ी थी।
आज भक्ति नहीं, भीड़ का राज था,
शिव मुस्कुराए—"यह कैसा समाज था?"

11. परछाई की चाल

आओ मेरे पास बैठो
बताऊं प्रेम की एक परिभाषा
आओ मेरे साथ चल दो
बोल दूं दिल की अभिलषा

साथ चलते चलते तेरे
बीत गए हैं दो प्रहर
कुचला गई परछाइयां
पड़ रहा नहीं है कुछ असर

जब सूर्य चढ़ा सिरहाने पर
आ रहा नजर ना कोई अकस
हां रोक लो तुम इस चरण को
है पुष्ट सब से यही वकास

होने लगा सूर्यास्त अगर
परछाई पीछे पड़ जाएगी
बात बढ़ेगी घात बढ़ेगी
रात घनेरा छाएगी

डूबे रहोगे त्रास में
बेचैनिया तड़पाएगी
पत्थर पड़े थे बुद्धि पर क्या
ये बात तुझको खाएगी

तुझे प्यार था या
बस पिटार की थी पुकार
भर्तार कब से बिक रहे
साहूकार के इस बाज़ार

जो क्रोध तुझमें दिख रहा
जिस दंभ में तू बिक रहा
बादल है काली रात का
जो चंद्रमा को धक रहा

पर उसूल है ये वक्त का
बदलेगा , होगी फिर सुबह
पसारे जब पैर किरणे
गाऐगा फिर से आसमा.... गएगा फिर से आसमा...

12. खिचड़ी

आज खाने में क्या बनाऊं?
"बना दो न कुछ भी।"
ठीक है, आज बनेगी –
खिचड़ी।

जब न राय बचे, न रायता,
जब थाली करे चुपचाप संधि,
तब माँ उठाती है
अपना सबसे शांत शस्त्र –
खिचड़ी।

न इसमें जात पकती है,
न धर्म उबलता है,
हर दाल, हर चावल
अपनी पहचान छोड़
सिर्फ 'भोजन' बन जाता है।

लोगों ने नाम दिया–
गरीबी की व्यवस्था
पर नहीं, यह है

संघर्ष में जन्मा समझौता।

बिना झंडा उठाए,
बिना भाषण दिए,
ये सिखाती है
कि मिलना भी एक क्रांति है।

और जब तक
माँ के पास ***खिचड़ी*** है,
भारत बिखरेगा नहीं।

13. राम

हो गया तिलक तपोवन में,
सिंहासन छोड़ा सहज भाव से।
मुकुट नहीं, पर तेज रहा,
शोभा थी उस त्याग चाव से।

मौन मुखर, मृदु वचन गरजते,
क्षमा-कृपा भी शस्त्र सजग से।
सत्य सजे संकल्पों जैसा,
सीधा पथ पर तेज रथ से।

कान्ति नहीं थी केवल कान्ति,
वह थी नीति की दिव्य प्रभा।
एक दृष्टि में धर्म उगाता,
एक चरण से सृष्टि चला।

नील-नभों सा नयन विशालकाय,
कोमल कर में काल वधाय।
शान्त क्रोध, धैर्य की ज्वाला,
प्रेम बना पर प्रलय घटाय।

दंडकारण्य दहक उठा तब,
दोषों की जब हार हुई।
जटायू गिरा, पर यश अमर हो,
सीता पर अधिकार गई।

रावण से भी याचक बन कर,
धैर्य लिया पर क्रोध छिपा।
एक शर जब उठा समर में,
अंधकार का तामस मिटा।

सेतु बना सागर के सीने,
शब्द बने पत्थर का भार।
नाम लिखा, लहरें झुकीं जब,
शरण बनी वह अग्नि की धार।

विजय बिना वल्गा के आई,
राज बिना सिंहासन पाया।
राम रहे हर रत्न बिना भी,
चरणों में जग पाए साया।

14. चयन या चक्रव्यूह

क्या विकल्प मानव को बल देते, या बंधन का रूप धरे?
क्या वे स्वर्ण द्वार बन पाते, या विष का ही स्वरूप धरे?
क्या चयन सदा ही चेतन है, या नियति की चाल कहीं?
या चक्रव्यूह रच जाते हैं, जब दो राहें साथ खड़ी?

माता–पिता में किसको चुनना, क्या यह कोई सहज बिंदु?
एक ओर हैं प्रेम सागर, एक ओर श्रद्धा सिंधु।
जिसे चुनें, वह भी रोता है, जिसे छोड़ दें, वह भी रोए,
किंकर्तव्यविमूढ़ हृदय तब, मौन अश्रु में ही कुछ बोले।

धृतराष्ट्र भी अंध नयन से, देख रहे थे धर्म युद्ध को,
कौरव थे उनके जीवन के, पांडव जीवन-सिद्ध स्रोत वो।
क्या कोई निर्णय था संभव, जहाँ दोनों ही सुखी बनें?
या नियति का था चक्रव्यूह, जिसमें नयन स्वयं थमें?

दशरथ ने देखा पुत्र खड़ा, आँखों में तेज अपार था,
एक ओर वचन का बोझ, एक ओर कुल का उद्धार था।
क्या था वो क्षण निर्णय का या, अंतर की कोई हूक थी?
जहाँ पिता भी शून्य खड़े थे, नयनों में सिर्फ़ शुक थी।

क्या निर्णय करना शक्ति है, या यह मन की दुर्बलता है?
जो विकल्प चुनते चलते हैं, वह भी कोई सरलता है?
जो भेद चक्रव्यूह देते हैं, वहीं तो वीर कहलाते हैं,
जो बस देखे जाते हैं, धीरे–धीरे मिट जाते हैं।

तो हे मानव! कर संकल्प यही, निर्णय धर्म आधारित हो,
विकल्प नहीं भ्रम की सीढ़ी हों, पथ सदा सत्य समर्थित हो।
इतिहास वही रचते जग में, जो विषम समय में खड़े रहें,
विकल्प छोड़ विडंबनाओं को, जो वरण करें वही अमर बनें।

15. सीमित आकाश

होंठ हमारे, शब्द पराए, अर्थ न अपने होते हैं,
स्वरचित कहकर गीत सुनाएँ, भाव किसी के होते हैं।

पिंजरा स्वर्णिम, द्वार खुले हैं, पर उड़ान सीमित सी,
मन ही बंधा हुआ रहता है, परंपराओं की रीति से।

स्वर गाता है तोता लेकिन, भाव नहीं निज अंतर का,
दाना चुगता, जल भी पीता, स्वाद नहीं है अपनों का।

सोच न अपनी, राह न अपनी, माप लिए अनुमान से,
पढ़ते रहते मान्य विचार, छपे हुए विज्ञापन से।

शब्द सुने, न अर्थ समझे, फिर भी उन्हें अपनाया है,
विचार बिना अनुभूति के बस, कंठस्थ दोहराया है।

पिंजरे में उड़ने की चाहत, पिंजरे में ही मापी है,
आज़ादी की खोज हमारी, आदत में ही छापी है।

देह खुले तो क्या हुआ, जब मस्तिष्क ही पड़े बंद हों,
सोच वही आज़ाद कहेगी, जो भीतर से जन्मे हों।

16. अंधी दौड़

हम भाग रहे थे।
कंधों पर बस्ता,
बस्तों में पत्थर लिए..
हम सभी भाग रहे थे।

दूर तक भाग ने के बाद
थक कर में रुक गया।
रुका और देख ने लगा
लोगों के कपकपाते पैरों को।

मैंने ऊपर देखा
तो आसमा घूर कर देखते हुए कहता है
"तू तो सब से तेज निकला"।

17. काँच का रस्ता

काँच का रस्ता क्यों चमके,

जब पाँव लहू से भीगे हों?

प्रतिबिंब क्या दिखलाएगा,

जब आँखें भीतर नीले हों?

किसको कहें हम मंज़िल अब,

जो खुद राह से डरती हो?

और कौन है पथिक यहाँ,

अगर छाया भी छल करती हो?

18. मैं सीमाओं का वाद नहीं

मैं सीमाओं का वाद नहीं,

किसी नक्शे की कोई याद नहीं।

मैं चलने का अर्थ अलग हूँ,

पगचिह्नों की बात नहीं।

मैं ऊँचाई पर ठहरा कब,

नीचाई से गुज़रा सब।

मैं संकल्पों से बंधा रहा,

जब कंधों पर था न कोई रब।

मैं शब्द नहीं, तरंग सही,

जो बहती है हर रंग सही।

न धागा हूं, न सिलवट हूँ,

मैं धरती से भी तंग नहीं।

मैं प्रश्न नहीं, उत्तर भी हूँ,

ठहराव में बहता स्वर भी हूँ।

जो अनकहा रहा अब तक,

मैं वही अनसुना अवसर भी हूँ।

19. दो पैर की कुर्सी

रघुवर जी के घर आज एक कुर्सी आई।
दो पैर की कुर्सी।
काफी वर्षों बाद ऐसी कुर्सी आई है।
उनका कहना हैं
"दोगुने दाम में ली है साहब, पर सौ में एक है ये!"

कुर्सी देखने आस-पड़ोस वाले भी आ गए।
शुरुआत में किसी ने कुछ कहा नहीं,
सबने गर्दन हिलाई, कुछ उलझन में,
कुछ हां में हां मिलाने की आदत में।

कुर्सी के दो ही पैर थे।
एक पीछे की ओर,
एक आगे की ओर।
लेकिन गजब यह कि खड़ी थी।
और रघुवर जी... उस पर बैठे भी।

धीरे-धीरे लोग समझने लगे कि
ये कुर्सी,
सीधी नहीं बैठने देती।

थोड़ा झुककर बैठना पड़ता है,
थोड़ा झुका रहना पड़ता है।

रघुवर जी कहते हैं
“आराम है इसमें, बस संतुलन अपना होना चाहिए।”
रोज़ एक नया तकिया आता है
उसके नीचे रखने को।
एक दिन 'न्याय' नाम का तकिया लाया गया,
अगले दिन 'धैर्य', फिर 'लोकतंत्र', फिर 'विश्वास'...
पर कुर्सी टस से मस नहीं।

लोगों ने धीरे-धीरे
सीख लिया है
कि दो पैर की कुर्सी को
तीसरा पैर मत दो
वो असंतुलन की पहचान है,
दिखावे का संतुलन देती है।

और सबसे दिलचस्प बात?
रघुवर जी अब कहते हैं ,
"समझदारी इसी में है कि हम इस पर बैठे रहें।
खड़े हुए, तो गिरा दिए जाएंगे।”

20. सूची में नाम

सुबह की भीड़ में वह सबसे पहले पहुँचता,
दीवार पर चिपके काग़ज़ को
उम्मीद लिए देखता।
कई बार उसे लगा
नाम कहीं छूट गया होगा,
शायद आख़िरी पंक्ति में...
या कोने की उस तह में,
जहाँ नज़र आसानी से नहीं जाती।
पर हर बार वही होता ...
सूची पूरी होती।

कभी-कभी वह सोचता,
शायद नाम छोटा होता तो जगह बच जाती।
या कोई और अक्षर चुन लेता...
शायद 'क' की जगह 'च' हो जाता तो
सूची में घुस पाता।
अब वह नये नाम से एक नया फॉर्म भरता है,
पिछले वाले नाम को कांपती उंगलियों से काटता है।
काग़ज़ वही है, बस स्याही बदली है,
चेहरा वही है, बस अक्षर नए हैं।

वह मुस्कुराता नहीं, पर जताता है
कि इस बार शायद जगह मिल ही जाए...
क्योंकि अब उसने खुद को
सूची के हिसाब से ढाल लिया है।

दीवार पर वही सफेद काग़ज़ अब भी टंगा है,
वह अब देखता नहीं,
बस निकल जाता है,
क्योंकि नाम अब भी है,
पर शायद अब वह उसका नहीं।

21. पहला पड़ाव

अगर यहाँ तक तुम भी आए,
तो भाव तुम्हारे भी गाए।
यह पथ मेरा केवल ना था,
हर छंद में तुम भी समाए।

कुछ चित्र अधूरे रह जाते,
कुछ रंग समय से गिर जाते।
पर तुमने हर खंड जोड़ा है,
जहाँ अर्थ स्वतः ही मिल जाते।

धूप मिली, कुछ बूँदें आईं,
काँटे भी थे, पंक्तियाँ छाईं।
हँसी जमी तो पीड़ा भी थी,
हर मोड पर मन था घबराई

"प्रिय" रहा जो भीतर बजता,
"मार्ग" बना जो छूकर चलता।
प्रियमार्ग यही कहलाया है
जो अश्रु और गान में पलता।

अब जब पग ये थमने को हैं,
तो थकन नहीं, बस ठहराव है।
क्योंकि यह कोई अंत नहीं,
यह तो बस पहला पड़ाव है।

यही राह है जहाँ ठिठक कर,
मैंने खुद को टटोल लिया।
हर बिखरी पंक्ति के पीछे,
मैंने “मैं” का मोल किया।

अब लगता है शब्दों के भीतर,
कोई द्वार धीरे खुलता है।
यह पड़ाव, नहीं है मंज़िल,
बस "मैं" से संवाद चलता है।

"मैं" तो एक यात्रा हूं,
"मैं" ही युगों का सार हूँ,
मैं खुद में ही प्रश्नचिह्न
मैं ही उत्तर का द्वार हूँ।

www.ingramcontent.com/pod-product-compliance
Lightning Source LLC
Chambersburg PA
CBHW070650240926
51846CB00003BA/851
* 9 7 8 9 3 7 2 1 3 0 5 4 6 *